ख़्यालों की कशकोल

कविः एकलव्य

कॉपीराइट वक्तव्य

समर्पण

"सबसे पहले मैं ईश्वर का आभारी हूँ जिनके आशीर्वाद से हमें रोज़ अभिरूचिओं को जीवित रखने की प्रेरणा मिलती है। मेरे माता-पिता के चरणों में, जिनके हौसले और दुआओं ने मुझे शब्दों को जीवन देना सिखाया। मेरी अर्धांगिनी के विश्वास और मेरी नन्हीं बेटी के नाम, जिसकी मुस्कान में मुझे जीवन का हर सुकून मिलता है। इस संग्रह को प्रकाशित करने का प्रोत्साहन देने के लिए मैं मेरे परिवार में सारे गुरुजनो के आशीर्वाद का आभारी हूँ। मैं कृतिज्ञ हूँ मातृभूमि का जिसने मुझे अखुट शब्दावली से सुसज्जित, परिपक्व व्याकरण से परिपूर्ण हिंदी भाषा का धन दिया है। यह संग्रह समर्पित है मेरे सारे हिंदी शिक्षक एवं शिक्षिकाओं को जिनके प्रयास के कारण आज मैं हिंदी और उर्दू में अपने विचारो को व्यक्त करने में समर्थ हूँ। "

अग्रलेख

'ख़्यालों की कशकोल' केवल कविताओं का संग्रह नहीं, बल्कि एक सजग रचनाकार के अंतर्मन में चल रहे निरंतर मंथन का जीवंत दस्तावेज़ है। इस संग्रह में शब्दों की सादगी और विचारों की गहराई का ऐसा अनुपम संगम है जो पाठक को हर पंक्ति के बाद ठहरने और सोचने पर मजबूर कर देता है। सचिन 'एकलव्य' कारकुन की लेखनी में समाज, मानवीय रिश्तों, अध्यात्म और समकालीन विडंबनाओं का जो ताना-बाना है, वह उन्हें इस दौर के एक बेहद संवेदनशील और गंभीर कवि के रूप में स्थापित करता है। यह संकलन हिंदी और उर्दू की मिश्रित विरासत को संजोते हुए पाठकों के दिलों को छूने का एक सुंदर प्रयास है।

प्रस्तावना

इस पुस्तक को संकलित करते समय मैंने उन अनकहे जज्बातों और रोजमर्रा की भागदौड़ में पीछे छूट जाने वाले पलों को सहेजने का प्रयास किया है, जो हमारे अस्तित्व का मुख्य हिस्सा हैं। 'ख़्यालों की कशकोल' का शाब्दिक अर्थ है - 'विचारों की भीख मांगने वाला पात्र'। यह शीर्षक एक रचनाकार के उस स्वभाव को दर्शाता है जहाँ वह जीवन के खट्टे-मीठे अनुभवों से, प्रकृति के बदलते दृश्यों से और समाज की सूक्ष्म घटनाओं से भावों को बटोर कर शब्दों में पिरोता है। यहाँ संकलित हर रचना एक यात्रा है, और हर यात्रा का अपना एक ठहराव है। आशा है कि यह कशकोल पाठकों को अपने स्वयं के अंतर्मन में झांकने की एक नई दृष्टि देगा।

कवि परिचय

सचिन 'एकलव्य' कारकुन एक ऐसे आधुनिक रचनाकार हैं जो तकनीकी और पेशेवर जीवन की व्यस्तताओं के बीच साहित्य के प्रति अपने अगाध प्रेम को जीवित रखे हुए हैं। वे स्वभाव से एक सॉफ्टवेयर इंजीनियर हैं, लेकिन उनका अंतर्मन एक कवि का है जो दर्शन, यथार्थ और मानवीय संवेदनाओं का अद्भुत मिश्रण अपनी रचनाओं में प्रस्तुत करता है। वे केवल सामाजिक या मानसिक स्थितियों का वर्णन नहीं करते, बल्कि उन घटनाओं के पीछे छिपे मर्म और सार्वभौमिक सत्य को छूते हैं। उनकी शैली में जहाँ एक तरफ गुलज़ार साहब के अक्स की सादगी है, वहीं दूसरी तरफ शास्त्रीयता और दार्शनिक गंभीरता का गहरा पुट भी है।

'एकलव्य' उपनाम का स्रोत महाभारत के पात्र एकलव्य है, जिसके त्याग और अभ्यास की गाथा युगो युगो से प्रचलित है। हालांकि एकलव्य को कई लोग गुरु द्रोणाचार्य के पक्षपात के कारण धनुर विद्या से वंचित, प्रतिभाशाली किन्तु दुर्भाग्य का उदहारण मानते है, किन्तु एकलव्य वह सभी लोग हैं जिनमें निष्ठा, गुरु के प्रति निःस्वार्थ श्रद्धा और ज्ञान अर्जित करने की अत्याधिक सबसे प्रभावशाली गुण हैं।

विषय-सूची

1. ।। बहुत बहस हो गई है यार ।।

बहुत बहस हो गई है यार, आओ अब सुलह कर लें।

कुछ बेचैनी तुम कम कर लो, कुछ साँसे हम भी भर लें।

माना फ़िजूल नहीं थी तुम्हारी नाराज़गी, और न थी मेरी झुंझलाहट बेवजह,

मगर कुछ देर ही सही हम सब भुलाकर, आओ सिर्फ सुकून को पनाह दें।

तुम मुझे कहना गुस्सा थूक दो, मैं तुम्हें कह दूँगा तुम मुझे माफ़ कर दो।

तुम फिर चाय की प्याली लेकर मेज़ सजा देना, फिर मैं कहूँगा कि बिस्कुट नोश फरमा लो।

दोनों फिर मुस्कुराकर देखें दहलीज़ से, चढ़ते चाँद और ढलते दिन के वो लम्हे।

फिर बचपन की बातें करें और बच्चों को भी आगोश में भर लें।

फिर मज़ाक में थोड़ी तू-तू मैं-मैं कर लें, और दोबारा यह अहसास कर लें,

कि बहुत बहस हो गई है यार, आओ अब सुलह कर लें।

2. ।। बुभूक्षा के अष्ट पर्व ।।

क्षुधा संपन्न विडंबना से

युक्त है यह अष्ट पर्व।

कल्पना नहीं है यह

बुभुक्षा के अष्ट पर्व।।

सरल, विकट, विकृत, विचित्र

स्वप्न की कथा नहीं।

अनुभवों के सूत्रों की

व्याख्या है यह अष्ट पर्व।।

आरम्भ में, धन, विवेक

एवं सम्मान प्रचुर था।

क्षय विषय मात्र किन्तु

ज्ञान केवल भ्रम था।।

प्रथम पर्व के प्रारम्भ में

धन विलय अतिरिक्त हुआ।

विवेक लुप्त विचार विफल

तन्द्रा विस्तार प्रबल हुआ।।

धन ज्ञान रहित मनुष्य

अहंकार के हित हुआ।

क्षणभर सुख के लोभ में

क्षुधा से वह परिचित हुआ।।

द्वितीय पर्व में प्रवेश कर

शरीर समर्थ सबल था।

भ्रमित मन में किन्तु

विश्वास अधिक अटल था।।

अहंकार एवं गर्व का;

प्रयत्न एवं प्रयास का;

स्पष्ट अंतर धूमिल हुआ,

उपवास एवं उपहास का।।

तृतीय पर्व की उत्तेजना

में कर गए उद्घोषणा।।

व्याकुलता को त्यागने

की है कठिन उपासना।।

शरीर एवं मन भी किन्तु

सद्य स्मरण करे अत्यंत,

वात पित्त के अनियंत्रण में

अनुभूति है यथा ज्वलंत।।

चतुर्थ पर्व की दिशा

में अग्रसर शरीर हुआ।

उचित अनुचित के तर्क में

मन मस्तिष्क विलीन हुआ।।

जगत जन समय स्थान

स्मृति पर स्पष्ट पूर्ण विराम

लगा कर निद्रायोग में

मनुष्य सद्य अचेत हुआ।।

पंचम पर्व कठोर था

मनुष्य भाव विभोर था।

मूर्छित चित्त में वास

निर्बलता घोर था।।

भोजन की लालसा अदम्य

धन क्षमता का अभाव था।

शक्तिहीन शरीर था किन्तु

स्वाभिमान जीवंत था।।

षष्ठम पर्व के प्रारम्भ में

मनोबल का संचार हुआ।

नवीन ऊर्जा की खोज में

सद्य एक तरंग उठा।।

योद्धा स्वरूप मन विवेक

हस्त समस्त शरीर के

कोटि कणों का यथा

गानो पुनर्जन्म्ग हुआ।।

सप्तम पर्व सम्पूर्ण

मौन शांतिपूर्ण था।

मनुष्य देहभान मुक्त

बुद्धियोग में रमणीक था।।

नवीन उत्साहपूर्वक मन

केवल भूतकाल को टटोलता।

पुनः क्षुधित शरीर न हो

स्मरण क्षण-क्षण वह करता।।

अष्टम पर्व में अंततः

तन्द्रा पराजय हुआ।

दृढ़ संकल्प एवं विश्वास

पुनः विजय हुआ।।

एकत्रित निष्ठा कर मन

ने अंतर्द्वंद्व समाप्त किया।

अनिश्चित काल से प्रचलित

भ्रम को खंडित किया।।

आत्मा ईश्वर का है अंग,

आत्मबल उच्च है।

किन्तु शरीर की अवहेलना,

पाप यह लज्जापूर्ण है।।

शरीर निवास, शरीर देवालय,

शरीर में आत्मा प्रतिष्ठित है।

शरीर क्षुधित, भोजन वंचित

निरादर यह अतिरिक्त है।।

अष्ट पर्वों का विवरण

प्रकाण्ड उपलब्धि नहीं।

तन्द्रा से आसक्त का

हानि है कोई लाभ नहीं।।

मन सचेत तन सबल

विकल्प नहीं लक्ष्य हो।

विवेक सशक्त निष्पक्ष

निडर सर्वोपरि सत्य हो।।

विचार आशावाद निमित्त

जीवन का है यह सार सर्व।

किन्तु पुनः परिहरण न हो

बुभुक्षा के अष्ट पर्व।।

3. ।। हे किंवदन्ती! मैं केवल सत्य हूँ ।।

हे किंवदन्ती! मैं केवल सत्य हूँ।

स्वयं से संपूर्ण अवगत हूँ।

संवाद एवं प्रमाण में हूँ,

वास्तविक घटनाओं के स्रोत में हूँ।

अतिशयोक्तिपूर्ण कथन नहीं,

साक्षात विवरण में हूँ।

सर्व ज्ञानी का चरित्र हूँ,

वैज्ञानिक पराकाष्ठा हूँ।

स्वरचित कल्पित भाव नहीं,

निष्कर्षों से भिन्न हूँ।

अनुयायी हैं कई मेरे,

विरोध का भी पात्र हूँ।

संशय का विषय नहीं,

शोध का परिणाम हूँ।

उपद्रव का उत्प्रेरक नहीं,

जागृत समाज का आह्वान हूँ।

यद्यपि मैं कठिन हूँ,

सरलता की छवि भी हूँ।

हे किंवदन्ती! स्वयं से संपूर्ण अवगत हूँ,

मैं केवल सत्य हूँ।

- सचिन 'एकलव्य' कारकुन

4. ।। अब शाम ख़ामोश रहेगी ।।

(मशहूर ग़ज़ल गायक श्री पंकज उधास जी जिनका निधन 26 फरवरी 2024 को हुआ था, उन्हें यह पंक्तियाँ समर्पित हैं)

मेहमानों से कह दीजिए, अब शाम ख़ामोश रहेगी

न कोई ख़त का जवाब सुनाएगा, न आहिस्ते बातें होंगी।

न शीशे में माहताब होगा, न महफ़िल की तारीफ़ होगी।

न मयखाने की वो बात होगी, न ग़ज़ल से बहकी तासीर होगी।

बस होंगी यादों में बेहतरीन मौसीक़ी,

और अल्फ़ाज़ की मिठास।

होंगी ज़हन में ख़ूबसूरती की मिसाल, और उनके हक़ीक़त होने की आस।

अब किसे मश्वरा दोगे ग़म-ए-जिंदगी, वो खुद रुख़सत हो चुके हैं।

दीवारों से मिलकर रोने की हिदायत दे चुके हैं।

मुकर्रर कुछ फ़लसफ़े जैसे नक़्श-ए-पा होंगी,

मेहमानों से कह दीजिए, अब शाम ख़ामोश रहेगी।।

5. ।। गजब हो गया, होली है ।।

होलिका के पुतले बन गए,

पूनम रात दहन भी हो गए।

पौ फटते ही हुई तैयारी,

बच्चों की छूटी किलकारी।

सबका साधन है पिचकारी,

रंगों में लगती दुनिया प्यारी।

ऐसे में बस आवाज़ निकली—

अबीर-गुलाल हमजोली है,

गजब हो गया, होली है!

गजब हो गया होली है?

भाई, बुरा न मानो होली है!

नहीं, गजब हो गया होली है,

गजब हो गया होली है!!

हाँ, गजब हो गया होली है!

थाल सजे हैं मिठाइयों के,

अंबार लगे हैं गुजिया के।

ठंडाई फेंटें सभी महाराज,

भांग करे अब सबके काज।

खुशियों के गान सुरीले हैं,

भाई बात वही कि होली है,

गजब हो गया होली है!!

शत्रुता सब धूमिल हो जाती,

दूर दिलों के द्वेष खो जाते।

तरह-तरह के रंग में घुलते,

हंसी-खुशी त्योहार मनाते।

सब एक स्वर में यही कहें अबः

"गजब हो गया होली है??

नहीं, सबकी आज भाई होली है!!"

6. ।। होड़ लगी बाज़ार में ।।

होड़ लगी है बाज़ार में, चीज़ों पर जब भेंट लगी,
नये पोशाक, नये जूते या आधुनिक फ़ोन की कोई कड़ी।
तन्मयता से बैठ किन्तु सब चीज़ें मंगवाते थे,
और नापसंद आने पर बेझिझक लौटाते थे।
मैंने भी एक दिन सोचा, इस बाज़ार के दर्शन कर आऊँ,
बिना पसीना बहाये, चीज़ें मैं भी परख आऊँ।
अन्तर्जाल में बना संसार, रास आने लगा मुझको,
चकित होकर मैं भी बैठा, भूल वास्तविक जीवन को।
दिन प्रतिदिन हर क्षण कैसे मुमकिन, भेंटों की लड़ी,
और कैसे संभव, चीज़ों की ख़रीद बड़ी।
अंत में जब ज्ञात हुआ, मैं इंसान हूँ, कोई उपकरण नहीं,
यहाँ दुकानदार भूखा रह जाए, पर भूखा इंसान संभव नहीं।
ख़ैर छोड़िए सोचना, कि इस आपबीती का तात्पर्य क्या था,

और यह भी अनुमान लगाना कि हिन्दी में यह सब लिखने का उद्देश्य क्या था।

चंद मिनट के लिए सही अब याद कर लें आज के मौसम को और उन लम्हों को,

जहाँ कड़कती धूप की मार हो, पसीने में तर बदन हो।

और जहाँ कृत्रिम नहीं, बल्कि वास्तविक बाज़ार में भेंट हो,

दुकानदार और ख़रीदार, दोनों जहाँ इंसान हों।

मज़ा तो तब आया, जब वास्तव में दौड़ लगी,

चप्पल टूटे, बटुए छूटे और न जाने कितनी चोटें लगीं।

तब मैं भी मौजूद था, और कह पाया इन शब्दों को,

होड़ लगी है बाज़ार में, चीज़ों पर जब भेंट लगी।

- ऑनलाइन शॉपिंग के दीवानों को समर्पित

7. ।। मेरी टोकरी ।।

सवेरे-सवेरे दरवाज़े की घंटी बजी

देखा दहलीज पर दूध की थैली पड़ी थी

साथ में अखबार और मेज़ पर ओस की बूँदें थीं

तारीख और दिन के इल्म होने में वक़्त लगा

फिर गर्म हवा ने दस्तक दी,

और यक-ब-यक सोचा कि मेरी टोकरी कहाँ गई?

वही टोकरी जिसमें छुट्टियों के सब सामान मौजूद थे

जिसमें तपती धूप के साथ भीगे खस टाट की खुशबू थी

साथ में आम की मिठास और चटपटे अचार की यादें थीं।

वो दादा-दादी के साथ लूडो और ननिहाल की कहानी;

वो ठंडी कुल्फी के कुल्हड़, आम पन्ना की खटास और मीठी गुड़ की चाशनी;

वो सवेरे सैर में निकलना और रात को छत पर सोना;

वो रिश्तेदारों से मिलकर बाहर घूमने जाना

और भाई-बहनों के साथ खेलना;

वो दोपहर की शरारत और लू लगने पर हरारत;

वो बिजली का न होना और हाथ पंखे वाला खिलौना;

तरबूज की लाली जिसकी बात ही निराली;

वो फ़िज़ूल की गपशप, वो हँसी, वो किलकारी।

वक़्त की परत में ढकी, वो टोकरी कहाँ गई?

मेरे अनमोल पलों की टोकरी कहाँ गई?

8. ।।क्या सीखा जीवन में ।।

क्या सीखा जीवन में अगर यह नहीं सीखा

कि अभिलाषाओं की सीमा नहीं होती,

किन्तु नियंत्रित हो सकती हैं।

सपने देखना आवश्यक है

किन्तु परिश्रम अतिआवश्यक है।

परिपक्वता केवल पड़ाव है,

अनुभव सर्वोच्च पूंजी है।

उपायों का औचित्य स्थिर नहीं होता,

समय अनुसार परिवर्तित होते हैं।

मनुष्य मात्र होना जीवन का लक्ष्य नहीं है,

बुद्धि विवेक में दृढ़ता भी अनिवार्य है।

जीवित वही है जो प्रत्येक श्वास में अवसर देखता है,

और हर चुनौती को अभ्यास मानता है।

क्या सीखा जीवन में अगर यह नहीं सीखा

बाहर सत्य की प्रत्यक्षता से अधिक

भीतर उसका स्थान महत्वपूर्ण है;

सत्य साहस, विश्वास, निष्ठा का सार है

और बिना प्रमाण के ही संपूर्ण है।

कवि कभी वैरागी नहीं हो सकता,

चूल्हे में आग भी ज़रूरी है।

इसलिए विश्राम सदैव नहीं हो सकता

नौकरी भी एक मजबूरी है।

9. || पिंजरा मेरे अरमानों की ||

कैद जहाँ ख्वाहिश बेशुमार, है वो पिंजरा मेरे अरमानों की।

मजबूर आवाज़ को कहते हैं यहाँ, गूँज जज़्बात की।

तकलीफ़ से सुलह रिवायत है यहाँ की।

हकीकत से ज़्यादा यहाँ अहमियत अल्फ़ाज़ की।

बदसलूकी में सुकून, कैफ़ियत है यहाँ की।

बेचैनी की आदत जैसे साँसे हैं आवाम की।

हर वक़्त हरारत नुमाया हैं जहाँ वो एहसास है नज़रअंदाज़ होने की।

कुछ कर गुज़रने की महज़ ख्वाहिश ऐलान है बगावत की।

ता-उम्र कैद जहाँ ख्वाहिश बेशुमार, है वो पिंजरा मेरे अरमानों की।।

10. ।। न जाने दर्द नुमाइंदा बना ।।

न जाने कब दर्द नुमाइंदा बना खुशी का,

कि हम ग़म को तलाशने लगे।

कभी मिसरों में उम्मीद जताते थे,

और सफ़ीर-ए-ना-उम्मीद कहलाने लगे।

बे-इख़्तियार कभी नहीं थे हम कभी,

बस हसीन माज़ी को तरस रहे थे।

फिर अचानक मायूसी की धुंध में,

हम बेलगाम खिंचे जा रहे थे।

मैं आज भी उस हालात से लड़ता हूँ,

उस लम्हे और उस दर्द को हर बार भुलाता हूँ।

11. ।। कुछ बेबाक हम थे ।।

कुछ बेबाक हम थे, जो यूँ ही एक दूसरे के हो गए

न कभी इज़हार किया मोहब्बत का, बस हमसफ़र हो गए।

हम मिले इत्तेफ़ाक़ से, न जाने कौन सा वक़्त था

न याद मुझे तारीख थी, न तुम्हें मेरी मौजूदगी का इल्म था

मैं लाखों बातें कहता रहा, तुम बस सुनती रहीं

फिर तुमने कुछ ज़िक्र किया, मैं भी उसे सुनता रहा

हर रोज़ हम मिलने लगे, लेकिन दोस्ती में अभी भी कुछ कमी थी

तुम बेझिझक मुझसे रूठने लगीं, मैं तुमसे नाराज़ होता रहा

लेकिन फिर भी ज़िन्दगी के रास्ते हम साथ तय करते रहे

कुछ बेबाक हम थे, जो एक दूसरे में मसरूफ हो गए

ज़माने के तानों से दोनों बेपरवाह हो गए

नए लम्हे नयी यादें हर रोज़ तराशने लगे

एक दास्तान अनजाने में हम संजोने लगे

दुनिया अपनी एक अलग हो गयी

कायदे कानून भी हमारे अलग हो गए

कब तन्हा एक दूसरे से रहना मुश्किल हो गया

न जाने कब अपनेपन के एहसास में ग़ुम गए

फिर न जाने कब हमारे सपने एक हो गए

अनजान मुस्तक़बिल से रूबरू होने,

एक दूसरे के हमसफ़र हो गए

न थे किसी तदबीर में, लेकिन तक़दीर बन गए

कुछ बेबाक हम ज़रूर थे, जो एक दूसरे की सांसें बन गए

एक दूसरे की कहानी के मुमताज़ शख्स हो गए।।

12. ।। सोच रहा हूँ ।।

सोच रहा हूँ कुछ देर ठहर जाऊँ

और यादों में तह किये हुए वादों को देख लूं।

क्या उनके मायने बरकरार हैं,

या उन्हें सिर्फ सहेज कर रख लूँ।

सोच रहा हूँ कुछ देर ठहर जाऊँ

और अपनी किस्मत से यह पूछ लूँ,

कि कभी तुम्हें बुरा तो नहीं लगता,

जब तुम्हें मैं अपनी नाकामी का कसूरवार कहता हूँ?

सोच रहा हूँ कुछ देर और ठहर जाऊँ,

यह देखने के लिए कि मेरे रुकने से

ज़माना तो नहीं रुक जाता?

मेरी ख़िदमत फिर ज़माना करता है,

या मैं अनदेखा हो जाता हूँ?

सोच रहा हूँ अब आखिर ठहर जाऊँ

और नए हर्फ़ में नई दास्तान का आग़ाज़ कर दूँ।

13. || बारिश ||

बारिश का मौसम हो और ख़्यालों की बाढ़ न आए,

यह तो नामुमकिन है और बदसलूकी भी।

कैसे रोके मन में दौड़ते घोड़े को,

जो भावनाओं के साथ बेलगाम भागा जा रहा है।

तो पेश है, बारिश को संबोधित—

कभी बनके मोती,

कभी बूँदें मोटी-मोटी।

कभी खामोशी में आहट,

कभी गड़गड़ाहट।

कभी उमस के पीछे,

तुम आती हो चौंकाकर।

शीतल करती हो दिशाएँ,

हरारत को बढ़ाकर।

तो कभी बनकर बवंडर,

तुम बहती हो उमड़ कर।

और बरसती हो जिस तरह से,

मानो जंग में आमादा लश्कर।

कहीं पर रौनक और

सयाह आ जाते हैं।

तो कहीं सैलाब में बचाने

मसीहा आ जाते हैं।

बीमारियों के तेवर

कुछ और हो जाते हैं।

तंदुरुस्ती में दखल

उनके भी बढ़ जाते हैं।

फिर हकीम की हिकमत

की आजमाइश होती है।

या फिर कहीं सिर्फ

ताज़गी नुमाइश होती है।

तुम साथ लाती हो कहीं सुकून,

तो दे जाती हो कहीं परेशानी।

तुमसे नदियों में पानी,

तुमसे ही जन-जीवन में रवानी।

खान-पान और पकवान

के बदलते हैं तुमसे मिज़ाज।

चौड़ में आती है गर्म चाय,

सुनहरे हो जाते हैं प्याज़।

तरह-तरह से करते हैं

सब तुम्हारा लिहाज़।

तुम ही से मुतअस्सिर

बैजनाथ और फ़राज़।

तुम बेरंग हो लेकिन

रंगत के फ़न में हो ख़ास।

अब बारिश तुम बताओ

कैसे करें तुम्हें नज़रअंदाज़।।

चंद मिसरे और:

वो घने जंगल के पेड़

और पेड़ों की डाली।

डाली पर कई पत्ते

और उनकी हरियाली।

वो कलियों का खिलना,

वो परिंदों का चहकना।

वो गीली मिट्टी

का हल्के-हल्के महकना।

चरागाह की ख़ूबसूरती

जिस पर फीके हैं अल्फ़ाज़।

फिर भी यह दिल छेड़े

बेझिझक कोई साज़।

इन नज़ारों से भला

कैसे कोई रहे नाराज़।

अब भी कहते हो बारिश

तुम्हें करे नज़रअंदाज़?

14. ।। ट्रेन का सफ़र ।।

यह उन दिनों की बात है जब हाफ़ टिकट में सफर किया करते थे।

माँ बैठने का इंतजाम करतीं, बाबा सामान जमाते, और हम बच्चे बड़ी मशक्कत से सब्र बचाया करते थे।

खिड़की के बाहर का नज़ारा मानो पीछे छूटती कोई तस्वीर थी।

हर पड़ाव, हर स्टेशन का नाम जान लेना, इल्म में छोटी लेकिन अहम बढ़त होती थी।

जब मंज़िल पास आती, तो बाबा के इशारे का इंतजार करते।

लेकिन इन सब से पहले खिड़की के बाहर दिखती हर एक चीज़ का ऐलान करते।

कभी-कभार बैठने के लिए जगह नहीं मिलती तो बाबा, माँ और हम बच्चों के बैठने का इंतजाम कर देते थे।

फिर खुद दरवाजे पर पायदान के पास खड़े थोड़ी मुश्किलें झेलकर, थोड़ी हवा का लुत्फ़ उठाकर, जैसे-तैसे आराम कर लेते थे।

अब बचपन गुज़र गया है, और सिर्फ सफर की यादें रह गई हैं।

किरदार बदल गये हैं, लेकिन आपबीती और दिलचस्प बन गई है।

आज खुद को मैंने ट्रेन के दरवाजे पर पाया।

और मेरी बेटी को उसकी माँ ने खिड़की के पास बिठाया।

माँ उसकी बातें सुनकर यूँ मुस्कुरातीं जैसे अपने बचपन को आँखों के सामने गुज़रते देख लिया है।

और मैंने दरवाजे पर खड़े होकर उस नज़ारे में खोते हुए, सुकून का चेहरा देख लिया है।

हाफ़ टिकट नहीं लेकिन हाफ़ टिकट का अहसास वही है।

सफर के ऊँच-नीच का किस्सों में जुड़ते जाना; असल अलमास वही है।

स्टेशन पहुँचकर आगे पैदल सफर तय करना था,

और थकावट का नामोनिशान कहीं नहीं था।

ट्रेन के सफर के दौरान हुए तजुर्बे ने जहान को ख़ुशनुमा बना दिया था, और किसी अफ़सोस का कतरा भी नहीं था।

कभी-कभी इसलिए मैं यादों को सलाह देता हूँ, कि सब्र की आदत डाल लो।

वक़्त को रोकना मुनासिब नहीं, बहरहाल वक़्त की रफ़्तार में खुद को ढाल लो।

फिर या तो तुम सुकून के नुमाइंदे होगे, या ग़म के ख़ादिम।

आईना-साज़ हो जिंदगी के, ना बनो आँसुओं के मुलाज़िम।

15. ।। नये साल का फ़रेब ।।

एक और साल गुज़र गया, और एक साल आया है

एक सर्द रात गुज़र गई, और ठंड लिए सूरज आया है

अलाव की राख गर्म है अभी भी, यकीनन पौ फटते ही किसी ने बुझाया है

दहलीज़ पर जमी ओस ने, मानो बिस्तर पर पाँव फैलाया है

सड़क ने अपनी मंज़िल को, आज भी नापा है

धूल की चादर, गीली मिट्टी की सुगंध सब सरापा है

गुल-गुलशन की रौनक; आँखों में बस जाती है

"इस साल कुछ नया हो", फ़िजूल यह वादे दे जाती है

नुक्कड़ पर चाय वाले ने कुछ देर पहले दुकान खोली है

आज भी उसने पतीले में चाय कम और चीनी ज्यादा घोली है

अखबार की स्याही का रंग आज भी काला है

आसमान का कोहरा, और दिल दहलाने वाला है

सब कुछ वही है फिर भी कुछ बदल सा गया है

जो बचपन था पिछले साल, आज जाहिल जिद्दी बन गया है

उम्र आगे बढ़ रही है, साथ ही साथ कम भी हो रही है

सुकून का इंतजाम हो रहा है लेकिन, सुकून की आस कम हो रही है

जो पहले सारा वक़्त गपशप में साथ बिताते थे, आज वह कुछ पल फ़ुरसत के ढूँढते हैं

जिम्मेदारियों के लिहाफ़ में, न जाने बेहिसाब ख़्वाब सिकुड़ते हैं

रिश्तों के मायने दिन-ब-दिन बदलते रहते हैं

कल जिनसे लड़ते थे आज उनसे ही मन बहलाते हैं

यह कायनात दिखती है रुकी हुई, हकीकत में यह बढ़ रही है

सब रुका हुआ है लगता है लेकिन घड़ी बदल रही है

रात ने कब हाथ थामा शाम का पता नहीं, अंधेरा फिर गहरा छाया है

"बातों-बातों में यह साल भी गुज़र जाएगा" इस बात को फिर सन्नाटे ने दोहराया है

कल की फिक्र में आज के लम्हे ने, फिर खामोशी का हाथ थामा है

नया साल तो बस एक बहाना है, सिर्फ यादों का सरमाया है

"सब ठीक है" कह कर आज फिर,

हमने अपने दिल को बहलाया है।

कुछ देर रुककर हमने फिर,

नये साल के फ़रेब को अपनाया है।

16. ।। ये जहां वो आशियाना है ।।

यह जहान वो आशियाना है, जहाँ रोज़ रहने वाले बदलते हैं।

कई दाखिल होते हैं रोकर, कई चुपचार रुख़सत होते हैं।

शुरुआत का किसी को इल्म नहीं, बस उम्र को नापते रहते हैं।

कोई जीते जी मर जाते हैं, कोई मरकर भी जिंदा रहते हैं।

कुछ दास्तान में तब्दील हो जाते हैं, कुछ हमेशा ज़िक्र में रहते हैं।

कहीं अंधेरे में खो जाते हैं, कहीं शुआओं में रोशन होते हैं।

यादों की डोर से बंधे रहते हैं, वक़्त की धारा में बहते हैं।

अंत का राज़ तो राज़ है फिलहाल, हम बस सफ़र में चलते रहते हैं।

यह जहान वो आशियाना है, जहाँ रोज़ रहने वाले बदलते हैं।

17. || माँ की दुआ, बाप का हौसला ||

वो आँचल का साया, जिसने धूप से बचाया।

मुश्किल घड़ी में, जिसने जीना सिखाया।

बिन कहे बिन पूछे, मेरी हर टीस जो सुन ले।

डांट-फटकार में उसके, बस दुआ ही निकले।

हर उम्र, हर सवाल में, जिन्हें करते हम याद।

वो माँ ही तो है, जिससे हर सबक की शुरुआत।।

जो काँटों में खुद, चलकर रास्ता बनाए।

जो कंधों पर जहान का, सारा बोझ उठाए।

जो ख़ामोशी में भी, बहुत कुछ कह जाए।

सख्त मिज़ाज में अपने, प्यार को जताए।

जो बिन कहे कर दे, अपने सपनों को कुर्बान।

वो बाप ही तो है, जिससे समझा सारा जहान।।

18. ।। ठहराव या सफ़र ।।

अब फिर इस मोड़ पर खड़े हैं, जहाँ तय यह करना है,

कि ठहरकर उम्र यहीं गुज़ारें, या सफर फिर करना है।

नई मंजिल, नये मुकाम, नये रास्ते को चुनना है,

या बरसों से रुके काफिले का, साथ अब भी देना है।

वो सुकून जिसमें राहत है, अब बेड़ियाँ सी लगती हैं,

वो सोये जोश-ए-जुनून, यह सवाल फिर करती हैं,

क्या बेआवाज़ हसरतों को, यूँ ही खामोशी में खोना है?

या बेखौफ़ बेझिझक होकर, हिम्मत से जीना है?

यह सच है कि काफिले में, कुछ अपनापन सा है,

मगर इसी अपनेपन ने शायद, अब तक मुझे रोका है।

किताबों के कई पन्ने, जो पीले पड़ चुके हैं,

यकीनन उनके पलटने का, वक़्त अब फिर आया है।

पाँव ने बेचैनी दिखाई, कहा राह नई बनानी है,

दहलीज़ को पार कर, लिखनी नई कहानी है।

'कल' खुद जब यहाँ रुका नहीं, वो बस अब एक निशानी है,

बढ़ चलूँ नये सफर में, यही सच्ची ज़िन्दगानी है।

19. ।। तपिश और तलाश ।।

गर्म हवाओं में चुपचाप सब चले जा रहे हैं;

कहीं छाँव की तलाश में, कहीं मंज़िल की ओर जा रहे हैं।

लू की थपेड़ों ने अपने होने का एहसास दिलाया है;

सूखे हलक ने पानी की अहमियत को याद दिलाया है।

परिंदों ने अब आसमान में उड़ना कम कर दिया है,

सड़क किनारे पेड़ों ने झूलकर कहना कम कर दिया है।

होंठों पर अजीब सी चुप्पी, पर ज़हन में शोर बहुत है,

शायद कंधों पर दुनिया की ज़िम्मेदारियों का ज़ोर बहुत है।

सिर पर जमे पसीने का सब हिसाब करते हैं,

उसकी कीमत के मुताबिक ही ख़्वाब चुनते हैं।

तपिश चाहे कितनी भी हो, उम्मीद का एक साया साथ है,

थके हुए कदमों में अब भी, सफर तय करने की प्यास है।

धूप का साथ महज़ शाम तक है, लेकिन उम्मीदों का सफर जारी है;

सूरज में जलाने की ज़िद बहुत है, पर हमारा सब्र अब भी भारी है।

20. || मरहम ||

ख़िज़ां की वीरानी सब याद रखते हैं,

मुसलसल आबाद तस्वीर वक़्त के साथ गुम हो जाती है।

खिड़की के पास रखी दोलन कुर्सी को जब देखता हूँ,

यकीनन गद्दे पर बहुत धूल जमी है,

आज उसे भी किसी आलिम-फ़ाज़िल की मौजूदगी की कमी है।

पास थे तो सोचना लाज़मी नहीं समझा कि वो कल नहीं होंगे तो क्या होगा?

अब पास नहीं तो अधूरी बातों में सवाल हैं, जिन्हें कोस कर और क्या ही होगा!

मौत भी एक अल्पविराम है! जैसे कोई गाते-गाते चुप हो जाए,

सुर और साज़ कायम हैं, बस धुन ठहर गई है।

इस ठहराव को संगीत मान लेते हैं अक्सर,

भूल जाते हैं कि पीछे कितनी लंबी बंदिश गुज़री है।

सहलाते ज़ख्म कभी सूखते नहीं,

उन्हें छोड़ना होता है; उन्हें आज 'निशान' बनने दो।

निशानी जो चीखकर कहे,

कि जो यहाँ मौजूद था, वो बेहद ख़ूबसूरत था।

घाव का भरना कोई अजूबा नहीं है,

बस मलबे में दबे 'आबाद' शहर को

वापस बसाना और उसे 'पहचान' लेना है।।

21. ।। दिल फ़ारीग है ।।

बहुत बेचैन सा हुआ पड़ा है दिल,

कभी ढूँढे रस्ता, कभी तरसे मंज़िल।

सन्नाटों के मुख्तलिफ़ एहसास से वाकिफ़, खालीपन नामंजूर है इसे;

हरारत का हुआ मुलाज़िम, यकायक अल्हड़पन में यह दिल।

अकेलापन आदतन तड़पाता है इसे, न जाने कब अनजान हुआ सुकून से,

बस सोचे कि अब घर से निकल, चलूँ मैं अपनों से मिल।

किवाड़ पर रुकी धूप की दस्तक, याद दिलाए हसीन पल बचपन के।

फ़ुरसत में बसर करते बेपरवाह, वो यादें लगते हैं अब पलछिन।

कागज़ की नाव, बहते समय का साहिल, थिरकते कदम खुशहाली के,

और साज़ छेड़कर बड़े जोश से, मंच बना था यह दिल।

रेत सी फिसलती हाथों में, सब्र के कण घटते हुए,

फ़ारीग बन चाहे जीए पर कुछ अधूरा सा है दिल।।

22. ।। अना की जंग ।।

दो मगरूर शख्स के बीच अनबन हुई,

और अमन-चैन की बातें अब मखौल बन गयीं।

वो जो मेज़ पर बैठकर इंसानियत की बातें करते थे,

बस्तियों के दरमियान दहशत तान दी उन्होंने,

कि हुजरे का हर ज़र्रा सिर्फ ईंट का ढेर बन गयी।

शहरों में रातें अब सिर्फ खौफ़ के नाम हैं,

और आसमान जलते बारूद से रोशन हो गया।

मदद की हर गुहार कागज़ पर फ़िजूल की लकीर है,

रहम की चीख़-पुकार महज़ बेमानी शोर बन गयी।

सुलह उनकी है, मगर लहू किसी और का,

जीत की अहमियत अब मातम की निशानी बन गयी।

23. ।। ढाढस धरो एकलव्य ।।

ढाढस धरो एकलव्य,

जीवन में ऊँच-नीच बहुत है।

कठोर सहज की परिभाषा,

सामान्य, सरल से विपरीत है।

ढाढस धरो एकलव्य,

साधना ही तेरा संबल है।

गुरु, ज्ञान, प्रयोग के चुनाव हेतु,

इस संसार में अवसर बहुत है।

ढाढस धरो एकलव्य,

पाषाण का औचित्य तुमसे प्रबल है।

जो जीवंत कर दे निष्प्राण को,

वो श्रद्धा तुम में निहित है।

ढाढस धरो एकलव्य,

छाया से तू वंचित है।

संघर्ष के मरु में तपना,

तुम्हारे स्वभाव के निमित्त है।

ढाढस धरो एकलव्य,

निर्लिप्तता में ही तेरा विस्तार है।

निस्वार्थ, निश्चित, अनंत, बिन्दु,

इन विशेषणों में तेरा साक्षात्कार है।

ढाढस धरो एकलव्य,

अंतर्द्वंद्व ही तुम्हारा संगीत है।

अशांत सागर में शांति का पुरुषार्थ,

यही कर्म श्रेष्ठ एवं पुनीत है।

24. ।। ऊँगली से कंधे तक ।।

जब पहली साँस ने मेरा दामन थामा,

तब बस तेरी आवाज़ ने मुझको संभाला।

जब पलटकर मैंने नया पहलू देखा,

तब तेरी आँखों की चमक को मैंने पहचाना।

जब अपने पैरों पर खड़े होने की कोशिश की,

तब तुमने धीरज और हिम्मत का हाथ बढ़ाया।

जब पहले चार कदम चलकर दिखाया मैंने,

तब तुमने अपनी ममता से मनोबल जगाया।

जब मैं जगत की झुंझलाहट से डरा,

तब तुमने ढाल बनकर मेरे आत्मविश्वास को बचाया।

जब मैं बहक कर चला गलत दिशा में,

तब हाथ पकड़कर मेरा, तुमने रास्ता दिखाया।

कभी गुरु, कभी साथी, कभी दर्पण में छवि की भांति,

हर स्वरूप में तुमने मुझे जीना सिखाया।

आज खुद मैं पिता हूँ इसलिए ममता का प्रतिदर्श नहीं,

मगर मेरा प्रेम निस्वार्थ है और वो वही है जो तुमने दर्शाया।

माँ शब्द सरल है मगर शब्दार्थ गहरा,

जीवन की भाग-दौड़ में माँ शब्द में है चैन समाया।

बचपन में उँगली तुमने पकड़ी थी,

अब मैं तुम्हारा कंधा बन जाऊँ,

मैंने इन शब्दों में बस यही जताया।

25. ।। कृष्ण-कर्णः महाप्रयाण संवाद ।।

कब तक कोसोगे भाग्य को,

जो बीत गया सो बीत गया।

तुम दानवीर आजीवन कहलाए,

तुम्हें शूरवीर का सम्मान भी मिल गया।

प्रतिशोध की अग्नि व्यर्थ है,

अपमान का बोझ भी बिखर गया।

न सूतपुत्र, न राधेय:

इन विशेषणों का महत्व भी मिट गया।

कौन्तेय नाम की लालसा,

अशान्ति का मार्ग था।

देह त्याग के उपरांत तुमने,

'कौन्तेय' को भी त्याग दिया।

अंग राज्य के महाराज कहलाए,

युद्ध कौशल का परिचय खूब दिया।

परशुराम से श्रापित होकर भी,

क्षत्रिय धर्म का साथ दिया।

किस अधर्म की व्याख्या करते हो तुमः

जब अधर्म के साक्ष्य तुम भी थे।

मित्र को पाप से रोक ना पाए,

फलस्वरूप तुमने भी अनर्थ का साथ दिया।

चक्रव्यूह में अभिमन्यु पर बाण

तुमने भी संकल्पपूर्वक चलाए।

निहत्थे युवक के जीवनकाल

का पूर्णविराम तुमने भी किया।

अब अंत हुआ महायुद्ध का,

सब संतापों का भी अंत हुआ।

तुम आत्मा हो निराकार अभी,

पाप-पुण्य का लेखा-जोखा भी पूर्ण हुआ।

अब समाप्त करो ग्लानि को,

तुमने जीवन से स्वयं को मुक्त किया।

व्यर्थ न कोसो भाग्य को,

जो बीत गया सो बीत गया।

- एकलव्य

26. || कृष्ण-अश्वत्थामा न्याय ||

अन्याय प्रचंड सहा तुमने,

किन्तु बाल हत्या अनुचित था।

पितृवध के प्रतिशोध हेतु,

मर्यादा का हनन वर्जित था।।

अजन्मे शिशु के प्राण हरण की,

चेष्टा निःसंदेह तुमने की,

वंश नाश का वह प्रयास

कायर एवं कुत्सित था।

अविद्या, अज्ञान, अनर्थ एवं

अधर्म का प्रदर्शन बहुत हुआ,

अतः दंड यही है कि जीवन

इस क्षण से तेरा अभिशाप हुआ।

युग-युगांतर साक्षी होगा

तेरे पश्चाताप की अग्नि का,

समय सदा स्मरण रखेगा

मृत्यु की अपूर्ण लालसा का।

माथे के व्रण से पीड़ित, विवश,

वैरागी आश्रय को तरसेगा।

नियति के निर्णय का परिणाम,

तुझे अनंतकाल सहना होगा।

- *एकलव्य*

27. ।। समंदर की तरह मैं जीना चाहता हूँ ।।

समंदर की तरह मैं जीना चाहता हूँ,

लहरों की मौजों में बहना चाहता हूँ।

जो क्षितिज को छू ले, वो विस्तार चाहता हूँ,

जो संध्या को धर ले, वो आकार चाहता हूँ।

वस्तु विशेष का समावेश चाहता हूँ,

गति और सातत्य का स्वरूप चाहता हूँ।

ना विश्राम माँगूँ, ना सीमांत चाहूँ,

पवन के संग-संग, गीत गाना चाहता हूँ।

कणों में बिखरकर फिर, सिमटना चाहता हूँ,

उफानों की भांति, उड़ान चाहता हूँ।

समंदर की तरह मैं जीना चाहता हूँ,
लहरों की मौजों में बहना चाहता हूँ।

सूर्य की चमक लेकर, चंद्र से लय मिलाकर,
उन्मुक्त आचरण का, मैं आवरण चाहता हूँ।
जीवंत मन की प्रेरणा, व्याकुल मन को संवेदना,
ढाढस और उत्तेजना का द्वंद्व चाहता हूँ।

खुले आसमान के नीचे, न किनारों के उपकार तले,
मैं निर्बंधनता का, वरदान चाहता हूँ।
निर्बलता को त्याग कर, निडरता को धर कर,
बस अटल निश्चय को लेकर, चलना चाहता हूँ।

समंदर की तरह मैं जीना चाहता हूँ,
लहरों की मौजों में बहना चाहता हूँ।

28. ।। सब सलाहें देते हैं ।।

सब सलाहें देते हैं तुम सहारा दो तो आओ,

महज़ दिलासा तो सब देते हैं, तुम हाथ थामो तो आओ।

हमदर्दी सब जताते हैं, तुम ग़म बाँटने तो आओ,

तमाशा सब देखते हैं, तुम हिस्सा बनो तो आओ।

तरकीब तो सब बताते हैं, तुम साथ निभाओ तो आओ,

ज़ख्म तो सभी देखते हैं, तुम मरहम बनो तो आओ।

किनारे पर सभी मिलते हैं, तुम लहरों में मिलो तो आओ,

ख़्याल तो सभी सुनाते हैं, तुम हकीकत बनो तो आओ।

भीड़ में सब टकराते हैं, तुम रुककर दो बातें करो तो आओ,

तुम अनजान बनकर ही सही, पर अपने बनो तो आओ।

29. || मेज़ ||

मैं हूँ खड़ा जमीन पर, लिए सिर पर दुनिया का बोझ।

दिन, महीने, मौसम, साल; यही मकसद है मेरा रोज़।

चार सहारे हैं मेरे, जिनकी मुझे हमेशा दरकार।

आपस में वे बातें नहीं करते, लेकिन बिन कहे उठाते हैं एक दूसरे का भार।

मेरे किनारे मेरे दायरे हैं जिन्हें ज़्यादातर कोई लांघकर जाता नहीं,

कोई कानून या उसूल का बखान मुझसे करता नहीं।

कभी सख्त, कभी नर्म,

कभी ठंड, कभी गर्म;

इन सभी एहसास से मैं वाकिफ़ हूँ।

कभी रंगीन, कभी सादी,

कभी रेशमी, कभी खादी,

तरह-तरह की चादरों में मैं सजा रहता हूँ।

मुझे पीटते हैं गुस्साए लोग भी,

मुझे थपथपाकर जताते हैं फ़ख्र फ़ाज़िल दोस्त भी।

यूँ तो कई कहानियाँ, कई ख़त मुझपर रख लिखे गए हैं,

दावतों और त्योहारों में मेरी अहमियत जताई गई है।

मेरे आसपास कई आए-गए, पर मुझे कई साल सहेजकर रखा गया है।

वैसे तो मेरी कई पहचान हैं, लेकिन हकीकत में मुझे मेज़ कहा गया है।

30. ।। अभ्युदय आह्वान ।।

निर्बल मनःस्थिति, वैराग्य

कठिनाइयों का यह हल नहीं।

विवश होकर जो मौन रहे,

वह कायर या दुर्बल नहीं।

यह अल्पकालीन विराम है,

अनंत निद्रायोग नहीं।

जो अंतराल के बाद बरसे,

वो बौछार है फुहार नहीं।

साहस का एक उद्वेग है,

क्षणिक उत्तेजना नहीं।

समय जब हो प्रहार का,

आलोचना विकल्प नहीं।

निडर, निर्भय, निर्भीक, निःशंक

आह्वान है तुम्हें असंख्य।

अंतर्द्वंद्व समाप्ति का

आरंभ करो प्रयास तुरंत।

तुम वीर हो, निष्ठुर नहीं,

दया से तुम वंचित नहीं।

तनिक भय के प्रभाव से

रहो व्याकुल किंचित नहीं।

अपराध बोध संभावित है,

जीवंत मन से अपेक्षित है।

परिस्थिति का दर्श है,

आजीवन काल का दंड नहीं।

मस्तक उठा, निश्चय तू कर,

लक्ष्य का स्मरण तू कर।

अंधकार का अंत कर,

उजियारे को प्रबल तू कर।
जो कल तक केवल स्वप्न था,
उसे प्रत्यक्ष संपन्न तू कर।
भस्म में दबी है जो
अंगार को ज्वलंत तू कर।
तप में दृढ़ता, तेज़ की धार
से स्वयं का तू श्रृंगार कर।
कर्म का यह सार है,
व्यर्थ कोई व्याख्यान नहीं।

सशक्त बल की हुंकार हो,
हर पथ पर विजय गान हो।
हार के भय का नाश हो,
तू स्वयं का ही उत्कर्ष हो।
द्वेष भाव की रट नहीं,
युद्ध स्वाभिमान का है।

शत्रु यह संसार नहीं,

आलिंगनबद्ध क्लांति है।

निष्ठा के प्रतीक हो तुम,

आलस्य के प्रसंग नहीं।

तुम नवयुग के आरंभ हो,

अंत मात्र के निमित्त नहीं।

31. || अग्नि परिचय ||

अग्नि - कपट और छल का सटीक प्रतिदर्श है,

कभी आविष्कार का उदाहरण, तो कभी अंत का दर्श है।

जब रसोई के चूल्हे में हो तो खाने में स्वाद बढ़ता है,

और शाम को अलाव में हो तो भाईचारा बढ़ता है।

माचिस में हो तो क्षणभर की चिंगारी रहती है,

और जब मशाल में हो तो अंधेरे में हमसफ़र बन जाती है।

मंदिर के दिये में हो तो निराभास का प्रतिबिंब,

और जलते पेड़ की लपटों में हो विनाश का चिन्ह।

यज्ञ में हो तो वातावरण शुद्धिकरण का प्रतीक,

और चिता में, वही उत्तेजित एवं शमीक।

उष्म को समेटे कहीं सर्दियों की साथी,

कहीं परम ऊर्जा का स्रोत एवं आर्थी।

कभी हिंसा का साधन, कभी जागरूकता का संकेत,

कभी उत्साह के आरंभकर्ता; दूसरा नाम जिनका है नचिकेत।

उत्सव में उजाला, शोक में अश्रु।

रोशनी का उत्तरदायी, तो कभी सुख का शत्रु।

अग्नि जीवन है और जीवंत रहना है इसकी पहचान,

इसको नियंत्रित रखना यही है मूल ज्ञान।

www.ingramcontent.com/pod-product-compliance
Lightning Source LLC
LaVergne TN
LVHW090332210926
848480LV00004B/1385